Inhalt

Corporate Citizenship - zahlt sich verantwortungsvolles unternehmerisches Handeln aus?

Kernthesen

Beitrag

Fallbeispiele

Weiterführende Literatur

Impressum

Corporate Citizenship - zahlt sich verantwortungsvolles unternehmerisches Handeln aus?

I.Lukmann

Kernthesen

- Unter Corporate Citizenship wird unternehmerisches Bürgerengagement verstanden, wobei sich Unternehmen beispielsweise in sozialen oder ökologischen Projekten in der Regel finanziell einbringen.
- Unternehmen übernehmen auf diese Weise gesellschaftliche Verantwortung.
- Dies ist zunehmend Teil der

Unternehmensstrategie sowie -kultur. Die Profiteure sind dabei sowohl das Gemeinwesen als auch das Unternehmen selbst.

Beitrag

Finanzskandale, von Unternehmen ausgelöste Umweltkatastrophen oder Diskussionen um hohe Managergehälter zielen auf die Frage ab, inwieweit Unternehmen und Führungskräfte heutzutage sozial verantwortlich agieren. Daher gewinnt eine verantwortungsvolle Unternehmensführung und soziales Engagement in deutschen Unternehmen zunehmend an Bedeutung. Corporate Citizenship Konzepte werden daher in steigendem Maße in Unternehmen umgesetzt.

Im Folgenden Artikel werden zunächst die Begrifflichkeiten des Corporate Citizenship präzisiert, anschließend folgt eine Erläuterung einzelner Stufen, die bei der Umsetzung eines erfolgreichen Corporate Citizenship Managements in Unternehmen notwendig sind. Daran schließt sich eine Aufzählung verschiedener Arten des Corporate Citizenship an. Abschließend werden einige Erfolgsfaktoren bei der Umsetzung von Corporate Citizenship erläutert.

Der Begriff Corporate Citizenship

Das Wort Corporate Citizenship stammt aus dem angelsächsischen Raum. Unter Corporate Citizenship wird unternehmerisches Bürgerengagement verstanden. Dabei engagieren sich Unternehmen für das Gemeinwohl. Diese Übernahme an gesellschaftlicher Verantwortung ist in der Regel Teil der Unternehmensstrategie und Teil der Unternehmenskultur. Die Profiteure sind dabei sowohl das Gemeinwesen als auch das Unternehmen selbst. Corporate Citizenship stellt dabei eine Win-Win-Strategie für Gesellschaft, Staat und Unternehmen dar. Das Konzept wird in Deutschland inzwischen zunehmend praktiziert. Dies hat unter anderem mit den alten Traditionen mäzenatischen Engagements von Unternehmen zutun. Das Corporate Citizenship lässt sich leicht an diese Tradition nahtlos anknüpfen.

Ähnliche Begriffe beschreiben ebenfalls die Übernahme freiwilliger Verantwortung durch Unternehmen: Hierunter auch der Begriff Corporate Social Responsibility (CSR). Die freiwilligen Leistungen, die Unternehmen für das Gemeinwohl übernehmen sind zum Beispiel für ökologische oder soziale Zwecke und im Sinne eines nachhaltig verantwortungsvollen unternehmerischen Handelns auch im Bezug auf die Wirtschaft zu verstehen. Dabei steht der wirtschaftliche Erfolg eines Unternehmens zum sozialen und verantwortungsvollen Agieren auf dem Markt in keinem Widerspruch zueinander, sondern ergänzt sich in der Regel mit den wirtschaftlichen Zielen eines Unternehmens.

Die Formen des Corporate Citizenship können dabei unterschiedlich sein: So kann sich ein Unternehmen sowohl fürsorglich um seine Mitarbeiter als auch um gemeinnützige Organisationen kümmern. Die Art und Weise des Handelns kann dabei unterschiedlich sein. So werden zwar am häufigsten Sach- und Geldspenden getätigt. Zunehmend treten jedoch auch Mitarbeiter im Rahmen eines ehrenamtlichen Engagements unterstützend in sozialen Einrichtungen oder gemeinnützigen Organisationen auf. Einige Unternehmen gründen auch ihre eigenen Stiftungen.

Sozial und verantwortungsvoll handelnde Unternehmen werden bei Mitarbeitern aber auch auf dem Markt bei Bewerbern und Kunden als attraktiv wahrgenommen. Dies schafft beispielsweise gegenüber der Konkurrenz entscheidende Wettbewerbsvorteile. Unternehmen, die in sozialer Hinsicht hingegen durch verantwortungsloses Handeln auffallen, werden entsprechend geächtet. Soziale Verantwortung geht jedoch weit über bürgerschaftliches Engagement hinaus. So agieren Unternehmen sozial verantwortlich, wenn sie in ihrem wirtschaftlichen Handeln mögliche Nebenwirkungen und Folgen mitberücksichtigen und sich entscheiden, ebendieses wirtschaftliche Handeln verantwortungsvoll zu gestalten. Ein Beispiel: Menschenrechte sind gemeinhin politisches Feld. Berücksichtigt ein Unternehmen jedoch die Einhaltung der Menschenrechte bei der Wahl der Zulieferer und Geschäftspartner, handelt das Unternehmen verantwortungsvoll und sorgt bei der eigenen Gewinnerzielung dafür, dass indirekt keine menschenrechtlichen Schäden durch eigenes zutun erfolgen können. (1), (2), (4), (5), (6), (8), (9)

Umsetzung eines erfolgreichen Corporate Citizenship Managements in Unternehmen

Im Rahmen der Umsetzung eines erfolgreichen Corporate Citizenship Managements in Unternehmen werden in der Regel verschiedene Stufen durchlaufen, die den Stand des Unternehmens in diesem Zusammenhang aufzeigen. Diese sind im Folgenden beschrieben.

Stufe 1: In dieser Stufe nutzt das Unternehmen Corporate Citizenship Projekte zur Schadensbegrenzung, welcher durch einen sozialen oder ökologischen Fehltritt entstanden ist. Ziel ist es, das beschädigte Image in der Öffentlichkeit wieder zu verbessern.

Stufe 2: Risikominimierung und Optimierung sind die Schlagworte der zweiten Stufe. Dabei geht es um eine Definition möglicher Risikobereiche und eine erste Optimierung durch Reduzierung von Fehlern und damit zu einem proaktiven und verbesserten Krisenmanagement.

Stufe 3: In dieser Stufe entwickelt das Unternehmen Indikatoren zur Umsetzung eines gezielten Corporate Citizenship Konzeptes. Dies erfolgt durch eine Auseinandersetzung mit unterschiedlichen Interessengruppen wie zum Beispiel Aktionären, Kunden, Mitarbeitern, Lieferanten und Bürgern. Es erfolgt eine Abstimmung des umzusetzenden Corporate Citizenship Konzeptes mit den ermittelten Erfordernissen und Entwicklungen. Dies erfolgt immer auch im Einklang mit den eigenen Unternehmensstrategien. Diese Strategie wird nun von dem Unternehmen auf Produkte, Services sowie Kampagnen ausgerichtet.

Stufe 4: Ein reaktives Krisenmanagement hat sich im

Unternehmen etabliert. Dies bedeutet, dass das Unternehmen ein weitsichtiges und aktives unternehmerisches Handeln erreicht hat. Neue Geschäftsbereiche mit Zukunft werden auch unter Berücksichtigung der Corporate Citizenship Strategie ausgebaut. (7)

Arten des Corporate Citizenship

Inzwischen haben sich im Bereich des Corporate Citizenship verschiedene Varianten des unternehmerischen Bürgertums etabliert. Wichtig dabei ist generell, wie glaubwürdig Aktionen des Unternehmens sind, wie verantwortungsbewusst mit diesem Thema unternehmensintern umgegangen wird und letztlich, welche Form der Kommunikation nach Außen verwendet wird. Dabei haben sich Experten zufolge folgende Corporate Citizenship Maßnahmen bewährt, welche im Folgenden skizziert werden.

1. Cause-related Marketing: Kunden können durch den Kauf des Unternehmensproduktes einen direkten ethischen Mehrwert erzielen. So wird zum Beispiel damit geworben, dass ein Teil des Erlöses von dem Unternehmen an eine gemeinnützige Organisation gespendet wird.

2. Unter Cause Promotion werden Aktivitäten subsumiert, die das Ziel haben, über ein gesellschaftliches Problem aufzuklären und Informationen zu einem speziellen Thema einer breiten Öffentlichkeit zugänglich zu machen. Eine solche Maßnahme wird in der Regel in Form einer Kooperation zwischen einer gemeinnützigen Organisation und einem Unternehmen gestaltet. Maßnahmen dieser Art sind langfristig angelegt.

3. Unter Maßnahmen der Corporate Philanthropy werden Geld- und Sachspenden, Stipendien, Sponsorships an gemeinnützige Unternehmen im klassischen Sinne verstanden.

4. Corporate Volunteering bezeichnet eine weitere Form des Corporate Citizenship. Dabei sind ehrenamtliche Tätigkeiten von Mitarbeitern eines Unternehmens gemeint, die sich mit ihrer eigenen Zeit für eine bestimmte gemeinnützige Sache einsetzen können. Im Rahmen von Corporate Volunteering werden von Unternehmen auch zeitweise Fachkräften ins Ausland entsandt. Diese werden für einen bestimmten Zeitraum für eine gemeinnützige Sache freigestellt. (7)

Erfolgsfaktoren bei der Umsetzung von Corporate Citizenship

Corporate Citizenship wird von Unternehmen nicht nur aus altruistischen Motiven praktiziert, sondern unter Anderem aus Imagegründen und kundenbezogen als vertrauensbildende Maßnahme. Aus diesem Grunde sollte es auch immer Teil der unternehmerischen Strategie sein. Da das Image eines Unternehmens und damit seine Reputation auch Teil des Unternehmenswertes darstellt, investieren Unternehmen verstärkt in die Bildung eines positiven Images. Wichtig bei der Umsetzung von Corporate Citizenship Konzepten ist die Abkehr vom Gießkannenprinzip, wonach Spenden, Projektförderungen oder Sponsoring nach unklaren Regeln vergeben wurden. Da Corporate Citizenship Teil einer unternehmerischen Strategie ist, kann das Unternehmen Corporate Citizenship nur dann erfolgreich umsetzen, wenn dahinter ein klares Konzept steht. Idealerweise passt sich das Konzept an die eigenen Unternehmenswerte an. So kann ein Unternehmen dessen spezifische Werte beispielsweise Leistungsbereitschaft oder Weltoffenheit sind, Projekte fördern, die sich der Erreichung dieser Zielsetzungen verschrieben haben. Dies erhöht zudem die Glaubwürdigkeit der umgesetzten Projekte im Rahmen des Corporate Citizenships. Deshalb sollte das Unternehmen zunächst die eigenen Unternehmenswerte mit den Zielsetzungen der aktuellen Corporate Citizenship-Projekte abgleichen und diese kritisch beurteilen. In den Fällen, in denen im Rahmen eines sozialen oder ökologischen Engagements ein klarer Mehrwert bei der Erreichung von Unternehmenszielen erreicht werden kann, kann das Engagement als erfolgversprechend eingestuft werden. Unternehmen können auch eigene Standards beispielsweise im Rahmen eines so genannten Code of Conduct definieren. Diese können über gesetzliche Rahmenbedingungen hinausgehen. Unternehmen können sich auch zusammen mit Kooperationspartner komplexer gesellschaftlicher Probleme annehmen. Hierdurch können Synergien genutzt werden. Letztlich ist es sehr wichtig, dass Unternehmen ihre eigenen Mitarbeiter bei der Umsetzung von Corporate Citizenship Projekten mit ins Boot nehmen. Mitarbeiter sind dabei die besten Boten einer guten Sache. Daneben sollten Mitarbeiter auch gezielt in die hierbei aufgesetzten Managementprozesse eingebunden werden. Auf diese Weise lässt sich auch die Attraktivität als Arbeitgeber und die Mitarbeitermotivation steigern. [2], [6], [7]

Fallbeispiele

30 führende deutsche Medienunternehmen sowie große Unternehmen anderer Branchen beteiligen sich an der Kampagne Du bist Deutschland, die mit 35 Millionen Euro größte Social-Marketing-Kampagne in der Mediengeschichte Deutschlands. Dabei wurde das Mediabudget von den Medienunternehmen kostenfrei zur Verfügung gestellt. Die Kampagne startete 2005 und trug wesentlich zu einer positiven Stimmungswelle in Deutschland bei. Eines der Höhepunkte dieser Kampagne war die Fußball-Weltmeisterschaft in Deutschland. In einem TV- und Kino-Spot hatten zu dieser Zeit über 40 prominente und nicht prominente Bürger einen Du bist Deutschland Spot veröffentlicht. Eine aktuelle Kampagne von Du bist Deutschland soll 2008 zum Thema Kinderfreundlichkeit eine ähnliche Wirkung entfachen. (3)

Weiterführende Literatur

(1) Soziale Verantwortung zahlt sich für Unternehmen aus
aus Neue Zürcher Zeitung 17.05.2008, Nr. 113, S. 31

(2) Strategische Aufgabe
aus HORIZONT 11 vom 13.03.2008 Seite 020

(3) Größte bundesweite Social-Marketing-Kampagne
Breite öffentliche Resonanz entfachen
aus Die SparkassenZeitung, 15.02.2008, Nr. 07, S. 15

(4) Fürsorge ist gefragt
aus fvw Nr. 20 vom 17.08.2007 Seite 038

(5) Grün wird unvermeidbar
aus fvw Nr. 19 vom 03.08.2007 Seite 044

(6) Corporate Citizenship: Klare Schwerpunkte setzen
aus Bank und Markt 08 vom 01.08.2007 Seite 030

(7) CSR - Corporate Social Responsibility Mehr
Wertigkeit für das Marketing
aus Absatzwirtschaft Nr. 08 vom 01.08.2007 Seite 014

(8) Rettung fürs Honigbrot
aus "Horizont" Nr. 31/07 vom 03.08.2007 Seite: 11

(9) Gajo, Marianne, Corporate Citizenship als
Erfolgsfaktor, GmbHR - GmbH-Rundschau, Heft
13/2007, S. R205
aus "Horizont" Nr. 31/07 vom 03.08.2007 Seite: 11

(10) Engagement, das sich auszahlt
aus VDI NR. 17 VOM 27.04.2007 SEITE 26

Impressum

Corporate Citizenship - zahlt sich verantwortungsvolles unternehmerisches Handeln aus?

Bibliografische Information der deutschen Nationalbibliothek

Die Deutsche Nationalbibliothek verzeichnet diese Publikation in der deutschen Nationalbibliografie; detaillierte bibliografische Daten sind im Internet über http://dnb.d-nb.de abrufbar.

ISBN: 978-3-7379-0210-6

© 2015 GBI-Genios Deutsche Wirtschaftsdatenbank GmbH, Freischützstraße 96, 81927 München, www.genios.de

Alle Rechte vorbehalten. Dieses Werk ist einschließlich aller seiner Teile – z.B. Texte, Tabellen und Grafiken - urheberrechtlich geschützt. Jede Verwertung außerhalb der Grenzen des Urheberrechtsgesetzes bedarf der vorherigen Zustimmung des Verlags. Dies gilt insbesondere auch für auszugsweise Nachdrucke, fotomechanische

Vervielfältigungen (Fotokopie/Mikroskopie), Übersetzungen, Auswertungen durch Datenbanken oder ähnliche Einrichtungen und die Einspeicherung und Verarbeitung in elektronischen Systemen.